APPEL EN FAVEUR

DU

" Foyer des Gueules Cassées "

Par Georges GELLY

Chef de Clinique à l'École Dentaire de France,
Médaillé Militaire-Croix de Guerre,
Médaille d'Honneur de l'Assistance Publique,
Conseiller Technique de l'Union des Blessés de la Face.

> « Il n'est pas de joie supérieure à celle que l'on peut éprouver en défendant une noble cause. »

Extrait de la *Revue Odontologique*, n° 7, Juillet 1926

BAR-LE-DUC

IMPRIMERIE ED. JOLIBOIS, S. A. R. L. 55, BOULEVARD DE LA BANQUE

1926

APPEL EN FAVEUR

DU

" Foyer des Gueules Cassées "

Par Georges GELLY

Chef de Clinique à l'École Dentaire de France,
Médaillé Militaire-Croix de Guerre,
Médaille d'Honneur de l'Assistance Publique,
Conseiller Technique de l'Union des Blessés de la Face.

> « Il n'est pas de joie supérieure à celle
> que l'on peut éprouver en défendant
> une noble cause. »

Extrait de la *Revue Odontologique*, **N°** 7, Juillet 1926

BAR-LE-DUC
IMPRIMERIE EDM. JOLIBOIS, S. A. R. L., 55, BOULEVARD DE LA BANQUE
1926

Appel en faveur
du « Foyer des Gueules Cassées »

Peut-il y avoir appel plus touchant que celui lancé par un malheureux en faveur d'un de ses frères de misère, encore plus atteint que lui ?

Certes non, et un pareil appel à la charité publique revêt par là même un caractère plus impératif et provoque immédiatement les plus grandioses impulsions.

Colonel PICOT
Président des « GUEULES CASSÉES »
Sous-Secrétaire d'Etat au Ministère de la Guerre

Ce cri porte une puissance à nulle autre comparable et sied toujours aux milieux les plus sains et les plus éprouvés ; aussi est-ce celui que jettent à tous les échos de l'humanité les *Gueules Cassées*, ces pauvres déshérités dont le hasard belliqueux a causé l'irréparable éboulement.

Les *Gueules Cassées*, les grands blessés que nous a légués la tourmente pour nous y attacher davantage, les *Gueules Cassées* réclament, de toute l'ardeur de leur foi, une *Maison de repos*, où les plus déchus d'entre eux trouveront les plus heureuses thérapeutiques physiques et morales.

QUELQUES DOCUMENTS SUGGESTIFS

Un Vice-Président des « GUEULES CASSÉES »

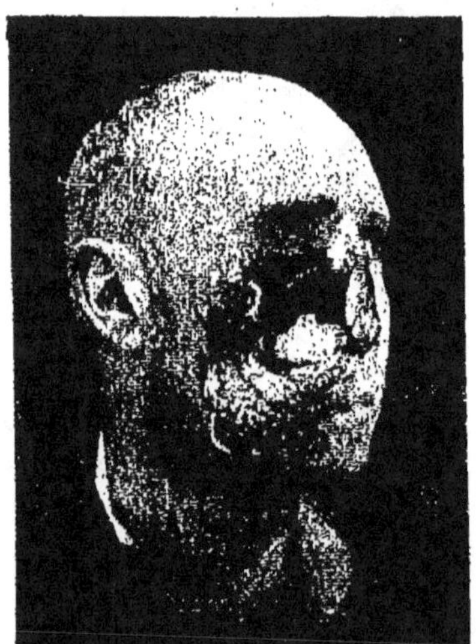 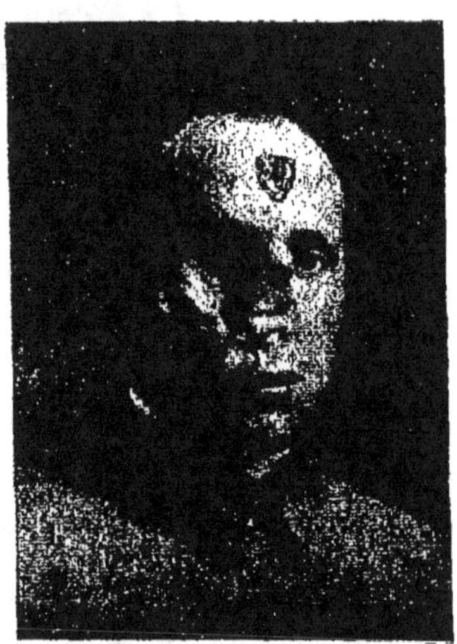

Le Secrétaire-Général des « GUEULES CASSÉES »

UN DOCUMENT HISTORIQUE

Une Image vivante de la France meurtrie

Ils sont 5.000 !!!

Qu'importe nos souffrances et nos traits mutilés,
Si nos efforts ont pu, en forçant la Victoire,
Garder à notre France, l'Amour, la Liberté,
Et donner tant d'éclat à ce beau jour de gloire...

28 Juin 1919

Groupe symbolisant les meurtrissures encore toutes saignantes de la France, devant lesquels le Monde entier s'est incliné respectueusement, à l'heure où se levait enfin l'aube de la Paix.

Entendant formuler cette demande, que personne ne commette le sacrilège de songer un seul instant qu'elle puisse émaner d'une ambition sans plus, mais, qu'au contraire, l'éternelle critique veuille fixer dans les cerveaux de tous que seule la nécessité la plus absolue est le mobile même de cette aspiration bien modeste, émise par les plus glorieuses victimes de l'Epopée.

Il est plus que jamais indispensable aux *Gueules Cassées* de posséder leur maison de repos, pour ceux d'entre eux qui approchent de leur soixantième ou soixante-dixième grande opération, les petites ne se relevant même plus.

UN PETIT GROUPE DE GUEULES CASSÉES

Ces malheureux exsangues, saignés à blanc, se voient souvent
évacués sans ressources de l'hôpital, ne pouvant toucher bien des
fois leur maigre pension à cause de quelques lapsus de paperas-
serie, se voyant aussi rejetés des emplois qu'ils sollicitent en
raison de leur trop grande faiblesse et de leur *habitus* de grands
traumatisés maxillo-faciaux.

Ces cruautés de l'existence courante ne vont pas sans répercus-
sions tragiques sur le moral de ces malheureux, déjà bien souvent ébranlé par les crises familiales, les abandons de foyers :
l'on assiste alors au cadre noir des plus lamentables affres
vitales.

C'est pourquoi les moins lésés d'entre ces *Gueules Cassées* ont
poussé ce cri de détresse auquel nul cœur, si insensible soit-il,
ne peut se dérober : *l'aveugle qui porte le paralytique*, voilà
l'allégorie de ce geste, auquel nous nous devons de nous associer.

Il est urgent que ce *Foyer des « Gueules Cassées »* existe,
et que nos blessés ne soient plus délaissés au gré des vents
comme de lamentables épaves, il leur faut cette famille où ils se
comprendront et où, nulle part mieux qu'ailleurs, ils jouiront
des avantages d'une aide matérielle et morale.

Les fondations de cette maison sont déjà creusées, il manque
encore *quatre cent mille francs* pour faire fonctionner l'œuvre,
il est du devoir de chacun d'apporter au plus tôt sa pierre à cet
édifice social. Deux douzaines d'imprésentables *Gueules Cassées*
attendent avec angoisse leur hospitalisation, obligés qu'ils sont
de se cacher dans de petits bourgs, le visage défoncé et entière-
ment dissimulé derrière leurs bandeaux de misère.

Cet appel ne doit pas rester vain et puisqu'une souscription (1)
est ouverte et qu'une première liste est déjà dressée, surpassons-
nous en générosité, un jour proche viendra où nous éprouve-
rons la joie de visiter ce *lieu saint de repos*, où des *méconnais-
sables* nous exprimeront sans langage leur gratitude sans borne.

A ce geste, l'humanité entière doit souscrire ! et il nous appar-
tient, à nous, d'être à son premier rang.

Georges GELLY.

---

(1) Une souscription, ayant déjà récupéré quelques milliers de francs, étant
ouverte, nous engageons tous les *Gens de Cœur* à verser généreusement leur
obole, en adressant leurs chargements, mandats ou chèques à M. le Secré-
taire Général de l'Union des Blessés de la Face, 28, boulevard de Strasbourg, à
Paris.

Ils sont assurés d'avance de la reconnaissance des *Gueules Cassées.*

HISTORIQUE DES GUEULES CASSÉES

Il n'est pas de plus atroce héritage de la *Grande Guerre* que celui des blessures maxillo-faciales.

Ces lésions qui relèvent d'abord d'un caractère de gravité exceptionnelle, voient encore leur espèce exagérée par le fait d'une insuffisance de compensations.

Ceci s'explique d'autant mieux que, dans les conflits précédents, il n'existait pour ainsi dire pas de *mutilés* de la *face*, l'état de la chirurgie ne permettant pas alors de les soigner.

En effet, de toute l'*Epopée Napoléonienne* il n'en subsista que *cinq exemples*, connus sous le légendaire surnom des *Invalides à la tête de bois*.

Seuls, les progrès de la chirurgie, établis sur les découvertes du grand savant français *Pasteur*, permirent de récupérer ces pauvres malheureux, presque touchés à mort.

Malheureusement, si le *génie pastorien* s'érige en vedette de l'Humanité, les essais modernes de la Chirurgie restauratrice maxillo-faciale n'eurent pas toujours le succès escompté et parallèlement à eux le système indemnisateur des pensions resta en arrière.

La modernisation, sur ce point, est bien loin encore du criterium idéal.

Entrant dans la classification des mutilés par leurs affreuses lésions, loin d'être guéris, insuffisamment indemnisés, ces pauvres victimes du sort n'ont même pas l'avantage de pouvoir compter au nombre des *Invalides Officiels*, puisqu'au sens Napoléonien de cet ordre, ne peuvent être hospitalisés que les invalides, c'est-à-dire les amputés des membres, les paralysés, les aveugles.

Mais quelle surprise, quand on approche ces grands Hommes, de leur trouver, paradoxe inqualifiable, une invalidité flagrante : Ils ont le visage défoncé, sculpté par les criminels projectiles, brûlés par les liquides corrosifs et les jets enflammés, broyé par les balles, raviné par les éclats d'obus, déchiré par les grenades meurtrières, offrant aux yeux du moins observateur des hommes les stigmates du plus ignoble des méfaits.

On se sent profondément ému, et devant ces gloires qui ne peuvent plus parler, ces visages qui ont quitté l'aspect terrestre pour se métamorphoser en Idéal surhumain, on comprend l'erreur du législateur et la misère profonde de ces déshérités.

Abandonnés à eux-mêmes, maigrement compensés par la loi du 31 mars 1919 et son addendum, le décret du 20 mai 1925, ces épaves sociales se sont groupées sous le brillant fanion des *Gueules Cassées*.

C'était une nécessité, car il est indispensable de savoir que les pensions des *Gueules Cassées* sont régies par une loi qui, sous le quantième de 1919, n'est en réalité que la loi de 1831, établie en des temps où l'état de la chirurgie ne permettait pas de sauver les blessures maxillo-faciales, ce qui revient à dire, en un mot, que le régime indemnisateur des *Gueules Cassées* est presque inexistant, alors que de telles blessures nécessiteraient des compensations équitables.

La conservation, encore irréalisée, de semblables blessures, ne devait-elle appeler automatiquement de meilleures dispositions que le plagiat de 1831 ? Les progrès de la chirurgie ne devaient-ils pas avoir comme satellites les progrès sociaux, sans mesquine restriction ?

Certes, les Pouvoirs Publics ne méritent pas d'incrimination, eux autant que d'autres ont eu le loisir d'être égarés, mais le désillement de leurs yeux par le spectacle de ce jour leur permettra de réparer, car les *Gueules Cassées* font, nonobstant tout confiance à la pensée démocratique de la France.

Mais cette confiance inaltérée, toutefois quelque peu heurtée, avait été insuffisante à rééquilibrer les grandes misères engendrées par les traumatismes maxillo-faciaux, il fallut que l'initiative individuelle y suppléât, comme la générosité publique dut intervenir aux temps ingrats du Directoire.

C'est alors que fut créée la glorieuse légion des *Gueules Cassées* qui a encore à l'honneur de compter dans son sein les *cinq mutilés historiques* qui représentèrent les ravages de la France au Congrès de Versailles, devant les yeux épouvantés des Plénipotentiaires mondiaux venus pour signer la Paix, sans avoir vécu, et par conséquent compris, les affres de la guerre.

Image vivante de la France Meurtrie, la Légion des *Gueules Cassées* ouvrit ses assises en 1921 sous l'égide sympathique du Maréchal Pétain et du Colonel Picot.

Les quarante premiers défigurés en rassemblèrent des centaines et des centaines d'autres, animés d'une foi profonde dans l'œuvre à accomplir et édifièrent cette magnifique famille des grands abîmés.

Ils travaillèrent ferme, sans relâche, avec méthode. puisant dans leurs douleurs tout le courage utile, ils ne politiquèrent pas, seule l'auréole de la raison familialedemeurant leur unique étoile, et c'est ainsi qu'ils purent, par leur indéfectible union, suppléer en partie aux insuffisances des dispositions sociales.

Malheureusement, leur but est encore loin d'être atteint et s'ils ont pu offrir la becquée aux nichées nombreuses de leurs membres, s'ils ont pu recueillir, à la sortie de l'hôpital, le nouvel opéré, s'ils ont pu procurer des prêts d'honneur, toujours remboursés, s'ils ont pu relever certains foyers croulants, consoler et remettre dans la voie du beau quelques neurasthéniques, il leur reste encore beaucoup à faire.

Il suffit, en effet, de jeter les yeux sur ce tableau brutal pour le saisir de suite :

« Souvent, il se présente, à son siège social, 28, boulevard de
« Strasbourg, un malheureux mutilé. Il sort de la salle de chi-
« rurgie, c'est sa cinquantième grande opération, les petites
« n'étant même plus relevées. Evacué de l'hôpital, sans secours,
« abandonné par l'épouse qui a oublié la sublimité du devoir,
« il vient pleurant demander à ses camarades l'aide et la protec-
« tion, que le régime social ne lui procure pas. S'étant présenté,
« en effet, aux guichets des Pensions, il n'a pu percevoir son
« indemnité, pour une incompatibilité de forme, et il reste,
« saigné à blanc, sur le pavé.

« C'est là, dans sa sombre réalité, le tableau que nous vivons
« fréquemment. L'appel de ce malheureux ne reste pas sans
« écho, d'autant plus que ce sont d'anciens blessés du front, des
« *Gueules Cassées*, elles-mêmes, qui y prêtent l'oreille. Les cica-
« trices faciales s'animent et rendent dans une plus tragique
« expression ce qu'aucune âme ne saurait dire, elles manifestent
« les plus beaux sentiments, elles cajolent le pauvre abandonné,
« lui recommuniquent la foi dans la phase plus heureuse des
« compensations de la vie. Alliant le geste à la parole, la Gueule
« Cassée recueille son propre frère, l'héberge, le couve de ses
« attentions, de ses délicatesses et ne rend son protégé à la vie
« publique, qu'elle ne se soit assurée de son avenir matériel et
moral. »

Malheureusement, les *Gueules Cassées* doivent, pour assurer le gîte à leurs abandonnés, les recueillir dans les familles de leurs propres membres, geste d'autant plus beau, mais, qui, malheureusement, ne peut toujours satisfaire à la durée indispensable de la convalescence.

Décembre 1914. — 3 mois après la blessure.

Juin 1915

Mai 1916

Juillet 1917

LE CALVAIRE D'UNE GUEULE CASSÉE

Septembre 1918. — Cheilographie. — Les lèvres du blessé restèrent suturées pendant 8 mois alors qu'une masse de vulcanite était fixée à demeure dans la bouche pour dilater et assouplir les tissus.

Février 1920. — Résultat de 38 grandes opérations.

UN DOCUMENT SUGGESTIF

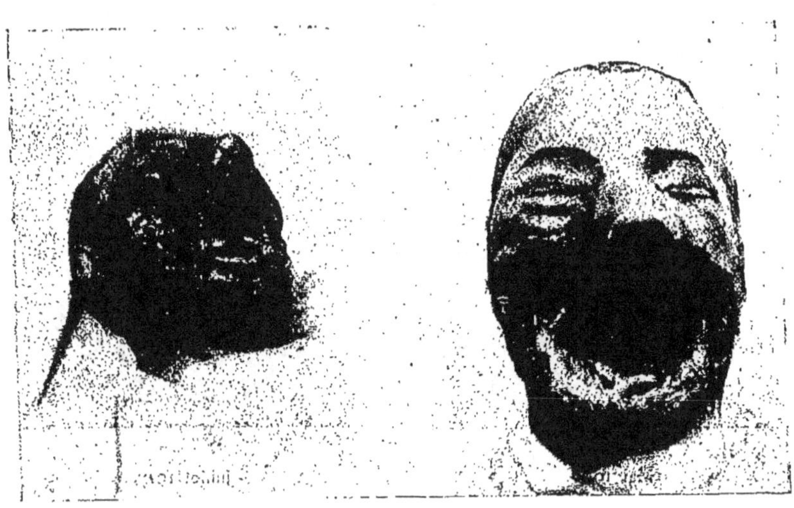

UNE GUEULE BIEN CASSÉE

Observation recueillie dans les Services des Docteurs Frison et L. Dufourmentel, Chefs du Centre de Restauration Maxillo-Facial de la IVe Armée.

Aussi comprendra-t-on à présent les efforts que font les Mutilés de la face pour créer, à quelques lieues de Paris, une maison de repos, qui devient, plus que jamais, obligatoire.

Il n'est pas une individualité qui, désormais avertie, ne veuille apporter une pierre à la *Maison des Gueules Cassées*, toute la Science, tout l'Art, tout le Sport, tout ce qui est humain et respectable, saura y contribuer en versant sans compter son obole pour ces destitués.

Leurs noms seront immortellement gravés dans les annales de la reconnaissance des *Gueules Cassées*.

Georges GELLY,

MÉDAILLE MILITAIRE. — *Croix de Guerre*,

Chef de Clinique à l'Ecole Dentaire de France,

Conseiller Technique de l'Union des Blessés de la Face.

N'oubliez jamais les " *Gueules Cassées* " !

Aidez ces Grands Mutilés de la Face !

Leur sort est pis que la Mort !

Ouvrez-leur votre cœur et adressez-leur généreusement votre obole à leur *Siège :*

28, Boulevard de Strasbourg, à PARIS

Téléph : Nord 72-28

Vous adoucirez leurs atroces misères et vous satisferez à votre noble conscience.

DU MÊME AUTEUR

CONTRIBUTIONS THÉRAPEUTIQUES ORIGINALES ET ÉTUDES
publiées par les :

Revue Odontologique...................... .... Août-Septembre 1922.
Semaine Dentaire.... .. . . 11 Mars 1923.
Semaine Dentaire...... .... 18 Mars 1923.
Semaine Dentaire.. .. .. 1er Avril 1923.
Presse Dentaire ... . Juin 1922.
Presse Dentaire.. ... . Novembre 1922.
Presse Dentaire. .... Décembre 1922.
Presse Dentaire. .... Janvier 1923.
Odontologie ....• . ... Février 1923.
Odontologie.... ... . Mars 1923.
Revue Odontologique. .... Juin 1923.
Presse Dentaire..... .... Septembre 1923.
Presse Dentaire............... .... Octobre 1923.
Journal Dentaire Belge (Bruxelles) .... Septembre-Octobre 1923.
Revue Odontologique......................... Août-Septembre 1924.
Revue Odontologique..... .... Janvier 1925.
Revue Odontologique... .... Juillet 1925.
Revue Odontologique... . ... Août 1925.
Revue Odontologique. .... Septembre 1925.
Journal Dentaire Belge..... .... Juillet-Août 1924.
Semaine Dentaire......... .... Mars 1924.
Bulletin de la Fédération Nationale des Associa-
tions Françaises des Mutilés................. .... Février 1924.
Bulletin de la Fédération Nationale des Associa-
tions Françaises des Mutilés............. .... Juin 1924.
Bulletin de la Fédération Nationale des Associa-
tions Françaises des Mutilés .. .. Août 1924.
Bulletin de la Fédération Nationale des Associa-
tions Françaises des Mutilés................. .... Octobre 1924.
Bulletin de l'Union des Blessés de la Face, les
« Gueules Cassées ». .... Août 1925.
Bulletin de l'Union des Blessés de la Face, les
« Gueules Cassées » .... Mars 1926.

SOUS PRESSE :

1° *Les modifications tissulaires péridentaires dans la Physiothérapie Bucco-Dentaire et les modifications Pulpaires exogéniques engendrées par cette Thérapeutique.* (Étude originale d'Histologie et de Pathologie comparée exécutée sur 403 chiens.)

2° *Indice coagulométrique des substances médicamenteuses employées en Thérapeutique Dentinaire.* (Résultats obtenus par 525 expériences biochimiques hétérogènes.)

3° *Séquelles tardives et graves des obturations achorizoïques de dentinites par des ciments porcelaines.*

ETUDES ORIGINALES PRÉSENTÉES DEVANT LES CONGRÈS SCIENTIFIQUES ET PROFESSIONNELS

Congrès de l'Association Française pour l'Avancement des Sciences (Faculté de Médecine de Montpellier), Juin 1922.

Congrès de l'Association Française pour l'Avancement des Sciences (Faculté de Médecine de Bordeaux), Juillet 1923.

Congrès de Strasbourg (Septembre 1923) : Etude sur la revision de la Loi de 1892 et nouveau projet

Congrès de Cherbourg (Février 1924) : Etude sur les Mutilés Maxillo-Faciaux de guerre (vœux émis par l'auteur et adoptés à l'unanimité par les mandatés de 200.000 membres des Associations Françaises de Mutilés).

Congrès de Bernay (14-16 Mai 1926) : Situation sociale des Grands Mutilés de la Face (vœux émis par l'auteur et adoptés à l'unanimité par les mandatés de 200.000 membres des Associations Françaises de Mutilés.)

Congrès de l'Association Française pour l'Avancement des Sciences (Faculté de Médecine de Liége), Juillet 1924.

Congrès de Strasbourg (Avril 1925) : L'Expertise Dentaire chez les Traumatisés Maxillo-Faciaux de guerre.

Congrès de l'Association Française pour l'Avancement des Sciences (Faculté de Médecine de Grenoble), Juillet 1925.

IIIe Congrès de Médecine, de Chirurgie et Pharmacie Militaire (Hôpital du Val-de-Grâce, 17, 18, 19 Avril 1925) : Communication à la S. O. F.